Children's French:

My Daddy is the Best!

Mon papa est le meilleur!

Translator: Audrey Marcel

Sujatha Lalgudi

Ted and Tia are making a card for daddy.
They wonder what to write on the card since there
are so many things they love about their daddy.

Jules et Julie préparent une carte pour leur père.
Ils se demandent quoi écrire sur la carte puisqu'il
y a tant de choses qu'ils aiment chez leur papa.

Suddenly Ted shouts, all excited. "I know, I know..."

Soudain, Jules se met à crier, tout excité. "Je sais, je sais..."

"Daddy makes the best Barbeque when we go camping."

"Papa fait les meilleurs barbecues quand nous allons camper."

"I love Dad because he makes me laugh when I am sad," Tia beams. "He throws me up in the sky."

"J'aime Papa parce qu'il me fait rire quand je suis triste", s'écrit Julie. "Il me lance haut dans le ciel."

"It is so much fun when Daddy pushes me high on the swing."

"C'est si amusant quand Papa me pousse haut avec la balançoire."

Ted remembers Daddy cheering him at his baseball games.

Jules se souvient de papa qui l'encourageait à son match de baseball.

"He made a bed for poor birdie with the broken wing", says Tia.

"Il a fait un lit pour le pauvre petit oiseau avec l'aile cassée", dit Julie.

Tia was sad for a moment, "She got better and flew away".

Julie était triste pendant un peu de temps, "Il s'est remis et s'est envolé".

"Do you remember my broken train?"

"Te souviens-tu de mon train qui était cassé?"

"Daddy fixed the train as good as new".

"Papa l'a réparé comme neuf".

"Daddy lets me paint the fence."

"Papa me laisse peindre
la clôture."

They remember their fun day at the Fair.
"I loved the airplane ride!", says Tia.

Ils se souviennent de s'être bien amusés à la foire.
"J'ai adoré le tour en avion !", dit Julie.

"I loved the bumper-car ride!"

"J'ai aimé faire un tour dans les autos-tamponneuses!"

"Daddy put me on his shoulder for a better view", said Ted. Ted loved seeing the Clown juggling pins while riding a unicycle.

"Papa m'a porté sur ses épaules pour que je voie mieux", dit Jules. Jules a aimé voir le clown, jongler avec des quilles tout en roulant avec son monocycle.

"He carries me when I am too tired to walk."

"Il me porte quand je suis trop fatiguée pour marcher."

"He is the best monster", exclaims Ted.

"C'est le meilleur des monstres", s'exclame Jules.

"Remember the movies we watch together?"

"Tu te souviens des films qu'on a regardés ensemble?"

Ted loves the popcorn more than the movie.

Jules aime le popcorn plus que le film.

"Playing Horsie horsie is so much fun with Dad."

"Jouer au cheval est si amusant avec Papa."

"Best of all, I love the way he reads superhero bedtime stories and tucks me in bed."

"Et ce que j'aime le plus, c'est la façon avec laquelle il me lit les histoires de super héros le soir et me met au lit."

"Don't forget our pillow fights", adds Tia.

"N'oublie pas nos batailles d'oreillers",
ajoute Julie.

"We have the best dad in the world."
Tia's card reads, "You are the best Daddy!! – Your little Princess."

"Nous avons le meilleur papa du monde."
La carte de Julie dit: "Tu es le meilleur Papa !! – Ta petite princesse."

Ted's card says, "Dearest Daddy, You are my super hero, - Super Boy."

La carte de Jules dit, "Très cher Papa, tu es mon super héros, - Super Boy."

Ted hugs daddy.

Jules fait un calin à papa.

Tia gives a kiss to daddy.

Julie embrasse papa.

Tia and Ted shout in unison, "You are the best daddy in the world. We love you".

Jules et Julie crient à l'unisson, "Tu es le meilleur papa du monde. On t'aime".

Dad gives them a big squeezy hug and replies, "I love you both!" Daddy winks at Grandpa and says, "You are the best dad, Father".

Papa leur fait à tous les deux un énorme calin et répond, "Je vous aime tous les deux". Papa fait un clin d'oeil à Grand-père et dit, "Tu es le meilleur des pères, Papa".

What are the best things YOU like about your daddy?

Quelles sont les choses que TU préfères à propos de ton papa?

Hope you enjoyed reading this book.
Please do write me a short review. Thank you!

Si vous avez aimé ce livre,
écrivez-nous s'il vous plait
un commentaire.
Cela nous aidera à promouvoir ce livre.
Merci.
Sujatha Lalgudi